UN MINISTÈRE

HISTORIQUE

L'expulsion des Jésuites

L'Amnistie

La réforme de l'Enseignement

L'union du Peuple et de l'Armée.

PRIX : 20 CENTIMES.

LAVAL

Imprimerie typographique E. JAMIN, quai d'Avesnières, 49,

1880

UN MINISTÈRE

HISTORIQUE

UN MINISTÈRE

HISTORIQUE

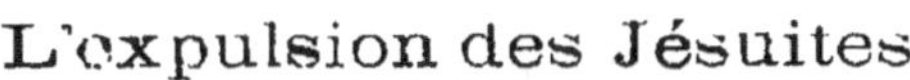

L'expulsion des Jésuites

L'Amnistie

La réforme de l'Enseignement

L'union du Peuple et de l'Armée.

PRIX :

LAVAL

Imprimerie typographique E. Jamin, quai d'Avesnières, 49,

—

1880

UN MINISTÈRE

HISTORIQUE

—

Le ministère actuel est peut-être un de ceux qui ont eu à supporter les plus vives attaques. A droite, on l'a taxé de violence, à l'extrême-gauche, de mollesse. Entre ces deux jugements qui, du reste, se contredisent, il y a place pour l'opinion des hommes modérés, républicains sincères, qui forment le gros de notre parti et qui vivant, pour la plupart, loin de Paris, dans la pénombre provinciale, loin du bruit des affaires, du spectacle prestigieux du pouvoir et des séductions de la tribune, sont naturellement enclins à considérer le côté solide plutôt que le côté brillant des choses ; qui jugent l'arbre à ses fruits, l'homme à ses actes, et depuis longtemps se sont approprié la devise de Hoche, reprise par M. Gambetta, un maître pourtant entre les maîtres de la parole : « *Res non verba.* »

L'EXPULSION DES JÉSUITES.

Promulguer les décrets, les appliquer, chasser les jésuites, c'était une misère, un jeu, à entendre certains

politiques qui, si seulement on les laissait faire, sup-
primeraient les abus d'un trait de plume et renouvel-
leraient la face du monde, comme on change un décor.

Nous qui vivons dans un milieu où les jésuites ac-
complissaient depuis longtemps sans obstacle leur
œuvre ténébreuse, nous savons quelle était, en réalité,
la difficulté de la tâche. Il est, en France, des villes
noires — plus nombreuses encore qu'on ne le croit
— où les jésuites avaient acquis une influence redou-
table. Ils dominaient le clergé, la magistrature et l'armée. Ils tenaient courbés sous leur joug les commer-
çants. Ils s'étaient attaché le menu peuple par des
largesses. Ils avaient patiemment façonné, pétri la
population à leur image. Ils étaient — c'est triste à
dire — entrés dans les mœurs.

Dans ces villes où nos intransigeants devraient bien
venir passer quelques mois pour calmer leur fougue,
l'annonce de l'application des décrets rencontrait presque autant d'incrédules que d'habitants. — Les minis-
tres n'oseront pas, disait-on. — Aussi quelle émotion,
quelle agitation, quelle sourde colère, lorsqu'un matin
les décrets ont été appliqués !

Le tirage des journaux est un thermomètre qui mesure assez exactement le degré auquel est montée la fer-
mentation populaire. Eh bien, dans ces villes dont nous
parlons, nous pourrions citer des journaux qui, ayant
annoncé avant tout autre des faits d'une importance
exceptionnelle, comme la démission du maréchal ou la
mort du prince Louis Napoléon, n'avaient pas tiré cin-
quante exemplaires de plus et qui, le jour de l'expulsion des jésuites, ont subitement jeté un nombre dou-
ble de numéros sur la voie publique.

Ces populations si froides, si lentes à s'émouvoir,

d'ordinaire, s'étaient, le 30 juin, réveillées de leur torpeur !

Le gouvernement, pour tout homme de bonne foi, abordait une grosse affaire. Et cependant il a agi avec résolution, avec vigueur, parce qu'il savait que la République ne pouvait rester sous le coup du rejet de l'article 7, parce qu'il savait que lorsqu'on s'attaque à un ennemi comme le jésuitisme, il faut l'abattre.

La tribune retentit encore du magistral discours que prononça, le 6 mai, M. le ministre de la justice, en réponse à l'avocat des jésuites, M. Lamy, qui avait entrepris de démontrer l'illégalité des décrets du 29 mars.

M. Cazot obtint du premier coup, ce jour-là, un magnifique succès.

« Eh quoi ! — s'écria-t-il, avec une vigueur qui nous reporta par le souvenir au milieu des grandes assemblées. — Est-ce que cette loi du 18 août 1792 est la seule qu'ait vu éclore cette année admirable — oui admirable par les dévouements et les actes d'héroïsme qu'elle a suscités ? On nous disait tout à l'heure qu'on n'avait plus entendu les grandes voix dans cette assemblée législative. Moi, j'y entends encore les voix de Danton et de Vergniaud. »

Et quelques instants plus tard, dans sa péroraison :

« On a dit que ces lois avaient été abrogées par désuétude.

Je ne me permettrai pas d'insister sur ce point, je ferais sourire les jurisconsultes qui se trouvent dans cette assemblée. Dans notre législation, les lois ne s'abrogent pas par désuétude.

En droit, la législation existante n'est donc pas abrogée ;

la législation spéciale que j'ai définie, que j'ai retracée, n'est donc pas abrogée par désuétude.

Elle ne l'est point en fait, car elle a été appliquée dans tous les temps et sous tous les régimes.

Faut-il vous rappeler la dissolution des trappistes de la Meilleraye, en 1831 ; la dissolution des trappistes de Tarbes, en 1832, la dissolution des jésuites de Lyon, en 1839 ; la dissolution des jésuites de Saint-Acheul, en 1845 ? Voilà un fait que je rappelle au souvenir de l'honorable M. Lamy et qui me permet de contester cette assertion qu'il a apportée à la tribune, à savoir que l'interpellation de 1845 et l'ordre du jour solennel qui l'avait suivie, auraient abouti à une conclusion purement platonique.

Donc il y a eu des applications, dans tous les temps et sous tous les régimes, de la législation spéciale qui régit les congrégations religieuses non autorisées. Et si l'on pouvait prescrire contre l'ordre public, la prescription aurait été interrompue par ces actes géminés qui ont consisté de la part des gouvernements, lorsqu'ils y ont trouvé leur intérêt engagé, à sortir de leur sommeil et à appliquer les lois dont il s'agit, et qu'ils avaient laissé dormir, soit par négligence, soit quelquefois, je me permettrai de l'ajouter, par une connivence coupable.

Que vient-on parler de lois surannées ? Les lois dont je viens de retracer l'histoire sont permanentes comme la souveraineté, quelle que soit la forme politique que revêt cette souveraineté. Elles sont permanentes, sous la monarchie comme sous la République, à moins qu'on ne dise — et cela peut être dans la pensée de quelques-uns — que la République est le seul gouvernement qui n'ait pas le droit de se défendre...., que c'est le seul gouvernement qui doive déposer l'épée de justice aux pieds de ses ennemis.

Des lois surannées ! Elles ont été appliquées sous la monarchie comme sous la République, et nous les appliquerons encore, nous les appliquerons comme nous croirons devoir les appliquer, conformément à notre droit et conformément aussi à notre devoir... et soyez-en sûrs, messieurs, le Gouvernement que vous avez à votre tête ne laissera pas dépérir entre ses mains l'immense et glorieux héritage que nos pères nous ont laissé. »

Ce fut ainsi que parla le garde des sceaux, et nous le disons en toute sincérité : on a vu, on pourra voir encore à la tribune des orateurs plus brillants et plus complets que M. Cazot ; jamais on n'entendra une parole plus autorisée, un langage plus ferme au service d'une logique plus serrée, une affirmation plus résolue des droits de l'État.

Un peu moins de deux mois plus tard, le 30 juin, un commissaire de police se présentait à la porte des établissements des jésuites, et, en quelques heures, sans fracas, la loi était exécutée.

Sans doute, le gouvernement n'a pas cru devoir encore appliquer les décrets aux autres congrégations. Les journaux de l'intransigeance ont même trouvé là un prétexte pour diriger contre lui de nouvelles attaques. Mais il faut bien admettre que le ministère ayant la responsabilité du pouvoir, doit avoir en retour la liberté de modérer ou de précipiter son action, de choisir son jour et son heure. Pour notre part, nous avons pleine confiance dans la fermeté et l'intelligence politique des hommes éminents que M. Jules Grévy s'est adjoints comme collaborateurs. Nous ne doutons pas qu'ils ne prennent, le moment venu, les mesures que leur commanderont la nécessité de faire respecter la loi et l'intérêt de la République.

S'imagine-t-on, d'ailleurs, que les membres des congrégations qui n'ont pas encore eu le sort des jésuites, soient actuellement sur un lit de roses ?

Pendant longtemps, ils ont mené la campagne contre le gouvernement républicain. C'était au fond de leurs couvents et de leurs retraites que s'élaboraient les complots, les machinations de toutes sortes dirigées par les hommes de l'ordre moral contre nos institutions. Aujourd'hui, ils savent que les décrets sont suspendus sur leurs têtes. Ils se trouvent en quelque sorte dans l'état d'esprit du condamné qui attend la mort ou la grâce. Ce n'est pas là très-certainement une situation bien favorable pour conspirer, et nous croyons fermement que les congréganistes de toute robe nous laisseront en paix pendant quelques années.

L'AMNISTIE.

Une question divisait le parti républicain et servait de thème à d'interminables discussions dans le parlement et dans la presse. Elle faisait perdre aux chambres et aux journalistes le meilleur de leur temps. Dans les villes, on était généralement favorable à l'amnistie. On se disait que la répression avait duré assez longtemps pour satisfaire les justiciers les plus implacables, que la fête du 14 juillet devait avoir pour préface un acte de clémence, de peur qu'une larme tombée des yeux de la femme ou de l'enfant d'un proscrit ne vînt assombrir l'éclat de cette grande et patriotique journée.

Les campagnes, au contraire, étaient sinon hostiles, du moins indifférentes. Elles ne comprenaient pas que l'on fît tant de bruit autour de cette question de l'amnistie ; elles ne voulaient pas en entendre parler. Le gouvernement le savait par les rapports de ses préfets. Il savait qu'un assez grand nombre de députés républicains, quelque décidés qu'ils fussent à soutenir le ministère, voteraient contre l'amnistie.

Ici, ouvrons une parenthèse.

Les députés de nos arrondissements provinciaux se traînent trop souvent à la remorque de leurs électeurs, au lieu de les précéder, de les guider, de les éclairer. Ils ne voudraient pas d'un mandat impératif nettement défini, et cependant ils s'en font un, eux-mêmes, de toutes pièces, suivant l'opinion présumée de leurs mandants. Ils ont refusé de voter l'amnistie, peut-être à regret, parce qu'ils craignaient d'avoir à expliquer leur vote. S'ils l'avaient accordée, s'ils étaient ensuite venus dans une réunion électorale donner les raisons de leur conduite, les électeurs auraient certainement répondu : « Vous saviez mieux que nous ce qu'il y avait à faire ; si vous avez voté l'amnistie, c'est que votre devoir était de la voter. » Mais les députés de certaines régions ne sont pas très-empressés de venir s'expliquer dans des réunions électorales. Ils ont donc refusé l'amnistie, bien que M. Gambetta n'eût pas laissé debout une seule des objections soulevées contre cette mesure, bien que l'admirable orateur les eût peut-être convaincus. Ils l'ont refusée parce qu'ils savaient que ce vote, du moins, n'aurait pas besoin d'être expliqué, personne dans le nombre de leurs électeurs n'étant disposé à leur en demander compte.

Le gouvernement ne se faisait aucune illusion à cet égard. Il n'ignorait pas, en outre, qu'au Sénat les difficultés seraient plus grandes encore. Mais il savait en même temps que l'amnistie était devenue une nécessité politique et il l'a proposée sans hésiter.

C'était là un acte de courage ; c'était, de plus, un acte de haute sagesse politique.

La question de l'amnistie défrayait presque exclusivement la polémique intransigeante ; elle en était, pour ainsi dire, le pain et le sel. Privés aujourd'hui de cette importante ressource, une partie des intransigeants, pour ne pas se laisser oublier, ont dû faire étalage de monstrueuses théories et sont promptement tombés dans le ridicule et dans l'odieux. Les autres sont en train de devenir opportunistes. Oui, opportuniste, M. Henry Maret qui rédige le *Mot d'Ordre* avec un talent auquel chacun rend justice ; opportuniste, M. Rochefort lui-même qui, dans le premier numéro des *Droits de l'homme*, a créé le mot. Sans doute, ce n'est pas l'opportunisme de M. Gambetta ; c'est de l'opportunisme à dose homéopathique ; mais enfin c'est de l'opportunisme, et nous le constatons avec une satisfaction véritable, car l'évolution ébauchée par ces publicistes fait, en somme, beaucoup d'honneur à leur jugement. Attendre, choisir le moment opportun pour parler ou pour agir, n'est-ce pas, en effet, tout le secret d'une bonne politique, et ceux qui se conduiraient d'après une autre règle ne seraient-ils pas des fous, incapables autant qu'indignes de prendre en main le gouvernement d'un grand pays ?

LA RÉFORME DE L'ENSEIGNEMENT.

Le ministère a encore entrepris une grande tâche qu'il saura, nous en sommes convaincus, mener à bonne fin. Nous parlons de la réforme de l'enseignement. Encouragé par de vigoureuses initiatives, secondé par de fermes esprits comme Paul Bert, comme M. Camille Sée, l'auteur de la proposition relative à l'enseignement secondaire des jeunes filles, M. le ministre de l'instruction publique a déclaré la guerre à l'ignorance et la poursuit vaillamment.

Nous aurons dans un avenir prochain l'instruction obligatoire et gratuite que nous réclamions comme l'une des conditions essentielles de notre relèvement national.

Nous n'en resterons pas là : lorsque nos écoles normales auront fourni un personnel suffisant d'instituteurs et d'institutrices, nous aurons aussi l'instruction laïque.

En attendant, le ministre a pris un arrêté qui établit un nouveau règlement scolaire, et ce règlement contient, entre autres dispositions, la suivante :

Art. 3. — Le vœu des pères de famille sera toujours consulté et suivi en ce qui concerne la participation de leurs enfants à l'instruction religieuse.

C'est déjà quelque chose, c'est déjà beaucoup, en attendant la séparation complète de l'église et de l'école.

N'oublions pas que nos enfants étaient tenus jusqu'à ce jour de suivre les exercices d'une religion à laquelle beaucoup d'entre nous avaient cru devoir renoncer.

Plus de lettres d'obédience ! Plus de ces instituteurs et de ces institutrices qu'un évêque fabriquait à peu près comme Molière faisait des médecins. Désormais, pour enseigner aux autres, on sera tenu de savoir soi-même quelque chose, et c'est une commission d'examen qui prononcera le : *dignus es intrare*.

Relativement à l'enseignement secondaire, M. le ministre de l'instruction publique s'est proposé, comme il l'a dit dans son discours de Lille, de restituer enfin à l'université de France la haute situation qui lui revient, la place que l'on avait voulu lui ravir, la prééminence et la suprême magistrature sur les études et sur le développement de l'esprit français.

Le ministre, suivant la voie qu'il s'était tracée, appliquant son programme, a placé au faîte de l'université le conseil supérieur de l'instruction publique, conseil librement élu par tous les membres du corps enseignant.

Nous citons encore M. Jules Ferry : « L'université n'était depuis trente ans qu'une administration ; elle est maintenant un corps vivant, organisé et libre. »

Le ministre a entrepris « d'arracher l'examen du baccalauréat aux misères, aux écueils et aux mensonges de la préparation mnémonique et mécanique et de lui rendre son caractère originaire et rationnel, celui qu'il avait autrefois, le caractère d'une épreuve finale, couronnement et garantie de longues et sérieuses études. » Il a entrepris une réforme tendant à ce but : « substituer à la culture exclusive de la mémoire le développement du jugement et de l'initiative de l'enfant ; former des hommes au lieu de produire des lettrés superficiels et de mauvais grammairiens. »

Le conseil supérieur de l'instruction publique s'est réuni deux fois ; il a approuvé les vues du ministre et posé les bases de la réforme scolaire.

Aussi, M. Jules Ferry a-t-il le droit d'appeler cette première réunion « le plus grand événement qui se soit produit depuis 70 ans dans le monde des études. »

Voilà, certes, de la bonne et grande besogne. Voilà une œuvre utile entre toutes. Pour que le progrès ne

s'attarde pas dans sa marche, il faut, lorsqu'il se pré-
sente, que les esprits soient suffisamment préparés à
le recevoir. M. Jules Ferry l'a senti profondément.

Nous qui souffrons davantage de l'ignorance parce
que nous en voyons de plus près les funestes effets,
parce que nous la rencontrons à chaque pas devant
nous comme un adversaire, nous applaudissons donc
aux efforts du ministre de l'instruction publique, nous
lui crions : merci ! et courage !

L'UNION DU PEUPLE ET DE L'ARMÉE.

Il s'est encore accompli pendant ces derniers temps
un fait que nous ne saurions passer sous silence :
l'union intime qui s'est établie sous nos yeux entre le
peuple et notre jeune et vaillante armée. Cette union
s'est affirmée avec éclat le 14 juillet 1880 et le 25
juillet, jour de la remise des drapeaux aux troupes
des départements. On peut dire que désormais, en
France, un seul cœur bat sous l'uniforme du soldat,
sous l'habit du bourgeois, comme sous la blouse du
paysan et de l'ouvrier.

Cette sainte union du peuple et de l'armée, nous la
saluons avec bonheur parce qu'elle a toujours mar-
qué les époques glorieuses de notre histoire, les dates
héroïques où nos armes étaient victorieuses.

Et nous l'attribuons sans doute à l'établissement du
service obligatoire qui a rattaché par tant de liens
l'armée à la nation, mais nous nous empressons d'a-
jouter que l'attitude si loyale du général Farre, ministre de la guerre, son langage si franc, son dévoue-
ment si sincère au gouvernement de la République et

à son illustre chef M. Grévy ont aussi contribué, pour une bonne part, à entraîner le cœur du soldat

Avec un tel chef, l'armée française ne saurait être qu'une armée nationale.

L'expulsion des Jésuites, l'Amnistie, la Réforme de l'enseignement, l'Union du peuple et de l'armée, telle est l'œuvre que le ministère a accomplie ou qu'il est en voie d'accomplir. Nous le disons, comme nous le pensons, en toute sincérité de cœur, et comme nous l'entendons répéter autour de nous : les hommes qui ont attaché leur nom à ces actes considérables, à ces inappréciables bienfaits, ont bien mérité de la République, de la Patrie, et l'histoire leur réserve dans ses annales une place d'honneur.

Un électeur républicain de province.